NOMBRE DEL ENTRENADOR

....

NOMBRE DEL ATLETA

....

DEPORTE

....

AÑO

....

DÍAS DE ENTRENAMIENTO

....

TIEMPOS DE ENTRENAMIENTO

....

LUGAR DE ENTRENAMIENTO

....

OBJETIVOS DE ENTRENAMIENTO

....

....

....

....

ME ALENTASTE A ………

:::

:::

:::

:::

:::

:::

:::

Inspiración

"Todo lo que puede ser imaginado es real"
Pablo Picasso

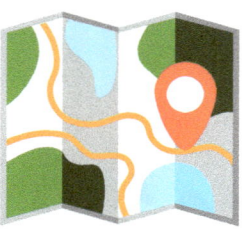

LOS LUGARES EN NUESTRO VIAJE ....

....

....

....

....

....

....

....

....

....

....

MOMENTO MÁS DIVERTIDO ....

....
....
....
....
....
....
....
....

NUESTRAS METAS..........

....

....

....

....

....

....

....

....

....

....

NUESTROS RESULTADOS..........

....

....

....

....

....

....

....

....

....

MEMORIA FAVORITA ....

 **FOTOS**

SUEÑO

Nunca seras capaz de cruzar el oceano hasta que pierdas de vista la costa

ME INSPIRASTE A .....

....

....

....

....

....

NUESTRAS VICTORIAS ....

APRENDÍ ESTAS HABILIDADES DE TI ..

....

....

....

....

....

....

....

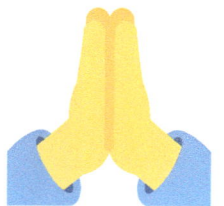

ENTRENADOR, SUS COMENTARIOS HICIERON UNA DIFERENCIA EN MI DESEMPEÑO PORQUE ......

....

....

....

....

....

....

....

....

APRENDÍ ESTAS HABILIDADES DE TI ...

....

....

....

....

....

....

....

....

....

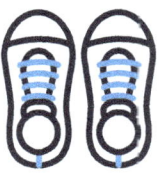

ESPERO CON ANSIAS ENTRENAR PORQUE ....

....

....

....

....

....

....

....

....

....

LE DIRÍA A ALGUIEN QUE SERÁ ENTRENADO POR USTED EL PRÓXIMO AÑO ....

....

....

....

....

....

....

....

....

....

....

APRECIO LA FORMA EN QUE ....

....

....

....

....

....

....

....

....

....

RECUERDOSENADOR

Recuerdos

Memorias de entrenamiento

Memorias de entrenamiento

AUTÓGRAFOS

AUTÓGRAFOS

Lightning Source UK Ltd.
Milton Keynes UK
UKHW050216190820
368436UK00003B/26